BREVIARIO DE UNA
MUJER INTEGRA

Reglas básicas para empoderarte

Bárbara Treviño

Impreso por la compañía Amazon.

ISBN: 9798528125442

Diseño de Portada: Kenia Gutiérrez

Breviario de una mujer integra   Barbara Treviño

A Sylvia, mi tía por darme los mejores consejos con gran empatía.

PREFACIO

Este pequeño libro te dará una guía de cómo ser una mujer cabrona, con carácter indócil y que puede brillar por sí misma, sin depender de otros individuos. Para llegar a ser una gran mujer cuesta mucha inversión en sí misma, más que sacrificio porque no va por ese camino porque no tienes por qué dejar de ser tú, serás la misma solo que una versión muchísimo mejor. A veces nuestras amistades nos orientan con sus consejos, pero no los ves aplicando lo que te aportan en sus vidas, la familia fomenta otras ideologías en muchas ocasiones son arcaicas donde la mujer debe ser sumisa y codependiente del hombre. Le han hecho creer que sin el no encontrara la estabilidad que desea. Siendo una falacia una mujer puede salir por sí misma, tenemos todos nuestros derechos vigentes en la mayoría de los países, podemos votar, trabajar, estudiar e incluso hay instituciones de gobierno que otorgan becas y trabajos, así como ayuda con organizaciones sin fines de lucro, abogados y terapias gratis que el gobierno ofrece en algunas instituciones. Realmente es cuestión de investigar y buscar en internet, así como se puede iniciar un negocio desde una página de anuncios donde rentas el espacio a algunas empresas, poner un negocio, tomar cursos técnicos que te ayudan a tener un mejor curriculum así como para poder poner un negocio una vez adquiridos los conocimientos, solo faltaría que una se ponga a leer educación financiera o un curso de contabilidad ya sea presencial o en línea, donde es más barato por no ser presencial. Podemos meternos a la política y cambiar las leyes a nuestro favor si quisieran formar un partido político para el bien común realmente tenemos todo a nuestro alcance, es cuestión de voluntad y tener una visión de cómo queremos vivir y lo ideal es en armonía. Donde nos sintamos aceptadas, respetadas y valoradas por nuestro esfuerzo y dedicación para mejorar la especie. Al convertirte en una gran mujer, si deciden casarse y formar una familia esta nueva mujer empoderada aportara una vida inteligente y autosuficiente.

Breviario de una mujer integra   Barbara Treviño

Índice

I

Breviario de una mujer integra

Para llegar a ser una persona completa y retroactiva, se necesita ver más allá de nuestro mundo externo. El mundo interno es un reflejo de nuestro exterior, pero ¿cómo podríamos cambiarlo? Tan sencillo como cambiar de pensamiento, cultivando nuestro cerebro todos los días de conocimiento de cualquier tipo. Las personas alrededor de nosotros no son más que un reflejo de nuestras virtudes y carencias. Si te pones a analizar quienes son tus verdaderas amistades. Haz una nota mental, es decir una observación de sus cualidades más nobles y buenas, así como las que más te molestan de esas personas; donde llegas a preguntarte: ¿por qué no sale de su zona de confort? ¿por qué no hace algo productivo de su vida?

Siendo que por más que tratas de solucionar su vida, darles los mejores consejos. Estas personas no salen de su mentalidad mediocre donde creen que están bien en sus vidas porque por orgullo no quieren aceptar que están en el hoyo y tal vez en un error por no quererse superar. Es ahí cuando te das cuenta de que son amistades basura que lamentablemente tienes que dejarlas atrás, aunque te hayan aportado compañía y apoyo moral. Debes evitar relacionarte con gente que no piensa avanzar como tu piensas en progresar. Estas personas serán una piedra en el zapato donde solo te van a alabar y envidiar en el peor de los casos.

Ser fuerte más fuerte cada día, es menester de la supervivencia. Si tu como persona no ves por ti misma y por tu integridad, nadie más lo va a hacer por el simple hecho de que no te sabes cuidar y por ende tu vulnerabilidad será evidente para quien tiene intenciones indecorosas hacia tu persona que pueden perjudicarte. La resiliencia la obtendrás en cada obstáculo que la vida te presenta con cada golpe que estas personas trataran de darte. Eres lo que superas y lo que logras por ti misma.

La prudencia hay que trabajarla aprendiendo a callar y retirarnos de momentos de conflicto donde no vamos a ganar nada. Si tu contrincante es una persona prepotente y altanera lo mejor es silenciar hasta hacer sentir incomoda a esta persona de que nadie le esté siguiendo su juego. Retírate cuando no puedas controlar la situación cuando el enemigo tiene más aliados que tú y busca tus partidarios que estén contigo en momentos de inconformidad para defenderte por el aprecio que te tienen. Se astuta al escoger quien te defienda en tiempos de guerra con la colectividad. Las masas no suelen tener una reflexión individualista sino de hacer y deshacer lo que una mayoría hace. Mientras seas diferente a los demás darás de que hablar, no tiene que ser todo negativo puede ser positivo. Sin embargo, cuando eres exitosa en algo atraerás como una polilla gente que quiere estrellarse contra la luz buscan ese brillo que tú tienes y al no tenerlo golpean el foco de luz, jamás admiran este destello solo se lanzan sin pensar en el daño que podrían ocasionar a este objeto y el daño que se hacen.

Tu protección únicamente tú te la puedes otorgar, deja de ser una sumisa que no sabe decir no. Nadie tiene ningún poder sobre ti más que tu sola. Tú te gobiernas, no los demás. Ese cuerpo es tuyo. El autoconocimiento que tienes sobre ti te da el poder de decidir qué quieres en tu vida y a donde la vas a dirigir. Las metas que quieres cumplir en tu vida tienes que buscarlas, es como cuando vas a buscar trabajo es fácil mandar tu curriculum a cualquier página de internet diseñada para eso, pero es mucho más fácil preguntar a tus seres cercanos como tus amigos y familiares quien te puede recomendar en algún trabajo. El aprecio que estas personas te tienen facilitara más tus objetivos, aprovecha las salidas sociales para conectar gente porque de esas nuevas "amistades" surgen referencias de aquellos que te darán más oportunidades de trabajo, así como darte a conocer en el eje en que tú te manejes.

El sexo no debe ser una limitante en tu vida, disfruta el sexo y el dinero independientemente de lo que vayan a pensar las masas. Recuerda que la colectividad sigue un patrón. Si tu pareja no te llena, pero otra si lo compensa, date ese gusto. Vive los amores prohibidos, llena tu vida de adrenalina, te van a juzgar por indócil pero realmente eso eres una mujer que nadie puede someter, sino que sabe cómo controlar su vida sexual. Si esos romances te aportan algunos viajes, experiencias y dinero, goza de tu juventud porque la belleza se acaba algún día, pero mientras seas feliz vívelo y cuida de no presumir esa felicidad porque, aunque pienses que tiene de malo, hay más personas allá afuera que son tus enemigos íntimos y en cualquier momento no dudaran de querer arrebatar de ti lo que te hace feliz, así que cuidado con quien compartes tus mejores experiencias ya que otros quisieran estar en tu lugar.

En momentos de crisis no pierdas la fe de que vas a flotar ante la adversidad todos tenemos altibajos lo que realmente cuenta es como quieres hacerle frente. Primeramente, es la ausencia del miedo, ya que este no es progresista sino una limitante. Cuando uno pasa por hambruna se vuelve creativo con tal de salir de la miseria, buscará pedir dinero prestado, poner un negocio en línea, vender ropa, en fin, habrá maneras de ingeniárselas. En esos tiempos es cuando puedes ir a cobrar lo que otros te deben, todas esas prestaciones que hiciste por altruismo a un individuo le corresponden pagarte en la medida de lo posible y ayudarte cuando tu ayudaste con benevolencia.

El desapego es fundamental en una mujer integra, te enfocas en ti con un egoísmo sano llamado amor propio. Notaras que quieres carecen de esto te dirán que no tienes empatía, que te hace falta humanidad, que solo piensas por ti misma y no en los demás. Difícilmente verán este cambio en ti como algo positivo ya que no podrán sacarte provecho para sus propios intereses por estar demasiado ocupada en trabajar en superarte y haciendo lo que te gusta. Estas mentes pequeñas extrañamente comprenderán esta regla del amor propio porque asusta su codependencia.

Hablando de los obstáculos ya hablamos del miedo y lo básico que es controlarlo. Es natural sentir miedo porque nuestros mayores temores los tenemos en el inconsciente que es el que nos priva de encarar algo en particular y evadir situaciones que nos parecen peligrosas o en su caso dolorosas para nuestra psique. Las formas más fáciles de vencer nuestras psicosis son con cualquier método alternativo de sanación, ya sea ir al psiquiatra o al psicólogo. Podremos confiar en nuestras amistades cosas para recibir consejos pero que mejor que lo haga un especialista en el tema. Nuestros amigos y familiares nos dirán que los enfrentemos o tengamos voluntad como si fuera algo fácil, en realidad suena fácil porque ellos no son como nosotros por eso es necesario un especialista que nos dará la mejor toma de decisiones. La salud mental es una inversión que deja buenos resultados a corto y largo plazo porque lo que hace es encontrar el problema que planteas en el subconsciente, pero ellos verán tu inconsciente y sanaran esas heridas esta inversión es básica para tu paz mental y abrirte los caminos ya que tu formula de pensamiento cambiara, así como tu mejor toma de decisiones como ya lo hemos dicho.

La gente puede manipular tu reputación, pero solamente tú sabes quién eres y por lo que has pasado. Ellos tendrán una "verdad" sin fundamento de tu vida, lo que pienses de ti es lo más importante. Se autentica y la gente te tomara por loca, pero quien en esta vida tiene una salud mental prospera de nacimiento, nadie. Así es nadie, uno lo va formando y sanando. Eres lo que has trabajado en ti y dado. Si tu das amor, eres un ser que sabe amar, si sabes apoyar eres alguien que, así como le soluciona la vida a una persona puede ser una mujer que se apoya independientemente sin auxilio. Tienes que ser inteligente y no hablar tanto de tus vulnerabilidades con gente que acabas de conocer es un error muy común, porque esos individuos nos podrán hacer creer que son buenas y que les agrademos y así como ellos hablan con tanta transparencia de su vida sin que tú se los pidas, así divulgan tu vida íntima y si te exaltas en pavonear tu éxito te alagaran, pero como distinguirás si es honesto o por coacción de compromiso. El ego nos puede impulsar a la soberbia cuando nos va bien en la vida, pero tenemos que andar con bandera de humildad, ser un libro abierto es darles armas a los antagonistas de nuestras vidas.

Recuerda que en esta vida tienes que cometer errores humanos para poder madurar y tener sabiduría, esta no se mide con la edad sino de manera empírica. Conocerás hombres de 38 años solteros que siguen pensando como adolescentes en tener muchas mujeres y vivir de la mala fama de mujeriego y conocerás mujeres de 30 años que aún no saben que hacer de sus vidas, que tienen un camino ambivalente que no tienen una meta fija. Te toparas con hombres jóvenes de 31 años que ya son empresarios y trabajaron desde muy chicos donde tuvieron que madurar y valerse por sí mismos, a cada uno le toca experimentar y despertar su consciencia dependiendo de las ganas que tengan de sobresalir es decir de su voluntad.

Tú te perteneces a ti misma, nadie es de tu posesión. Olvídate de ser una mujer controladora y manipuladora de tu pareja. La soledad es aliada de la inteligencia emocional, el aislamiento es depresivo y desgastante. La soledad es disfrutarte sola, poder hacer lo que te gusta sin tener que estar rodeada de personas simplemente leyendo lo que más te gusta, tomar ese vino favorito, dormir lo que quieras, ir al cine sola y ver la película que a lo mejor a otras personas no les gustaría, pero a ti te nace verla. Tus preferencias no tienen que ser idénticas a todos si conoces a un semejante que por ley de atracción conoces gente con tus mismos gustos vas por buen camino significa que en tu vibración es alta, es decir atraes lo que tú quieres para tu vida.

Tu cuerpo es tu inversión, decide tener ese cuerpo que tanto deseas tener en forma y resaltar tu belleza como te plazca con tal de subirte la autoestima, te dará el poder de ser extrovertida y eliminar tabúes que tienes sobre ti porque la sociedad lo juzgue mal, sus prejuicios no te dan de comer a menos que seas una artista, pero eres más que una imagen simplemente alguien que hace lo que le place, hedonista por deseo propio.

Tu mejor arma con tus enemigos que se meten contigo directamente o por debajo del agua tratarlos con indiferencia, recuerda que quieren tu atención a excepción de quienes te traicionan vilmente es decir cuando son muy cercanos a ti, a estas personas hay que marcarles un límite y este se arregla con dialogo elocuente. Si llegan a insultarte recuerda que ya perdieron la batalla con métodos arbitrarios se intentó un debate, pero ya buscan pelea directa. Si eres buena para pelear con congruencia hazlo sino retírate y elimina de toda fuente de información tuya de ellos. La única manera en que pueden lastimarte es conociendo lo que te hace feliz e importa para ti por eso es mejor callar.

Nadie es indispensable en tu vida, todos son reemplazables por una mejoría. Vive todo el amor que quieras experimentar y de todos tipos, aprende de tus errores para mejorar tus relaciones. Vive tu vida como si tuvieras muchas, la muerte es solo un paso más en nuestra evolución, es trascendental. Los malos momentos forjan nuestro carácter así que realmente las cosas malas nos hacen ser más fuertes y las buenas más agradecidas. Permítete sentirte vulnerable en el amor, entrégate y nunca te arrepientas de dar tu mejor versión. No te limites en ser novia, amante o esposa. Experimenta de todo para que tengas empatía y la sabiduría para saber cuándo juzgar y cuando comprender estar del otro lado del prejuicio humano.

Fórjate un carácter fuerte, se dura y fría ve las cosas de manera racional sin emociones. Las cosas como son porque si no eres cabrona los demás lo serán contigo. Proyecta esa personalidad fuerte, es mejor ser temida y respetada para que te vean como una caja de pandora si llegan a lastimarte. Se intempestiva que nadie crea que eres predecible sino todo lo contrario, cualquier error que cometan contigo tú te darás tu lugar sin miedo al conflicto.

No te deprimas ni te desconciertes por las amistades perdidas. Cada alma viene a enseñarnos a protegernos del ser humano en general vivimos en sociedad y como tal todos tienen mundos internos diferentes algunos externos se verán muy convincentes pero su único interés para hablar y sus platicas cero trascendentales nos abrirán los ojos para ser más duros, pero ojo con esto también existe un arte de por más fría que seas por como la vida te ha tratado a todo el mundo hay que tratarlos con respeto y amabilidad no para recibir lo mismo a cambio sino porque uno debe aportar al mundo algo de caridad en la medida de tus posibilidades.

El amor puro de tener hijos debe ser premeditado. La formación de una familia para quien busque el matrimonio debe ser consciente que primero, una como mujer lo más importante es sentirse y estar completamente realizada en su vida fundamentalmente, poner los negocios que desee o trabajar acorde a su carrera profesional por el simple hecho de que nuestro plan de vida es lo más importante y por ello debemos trabajar en nosotras hasta que cumplamos nuestras metas, decide entonces formar una familia. Evita depender de tu pareja al cien por ciento, debes de prepararte por si hay una falta de entendimiento en la relación y fracasa saber cómo valerse por sí misma en el divorcio y sacar adelante a los niños en caso de que la pareja sea alguien ingrato para los hijos o para ti misma.

Sigue tu intuición es un don mágico, si llegas a sentir miedo, inconformidad, vacío o tristeza. Vete de aquel lugar y de esas personas escucha tu cuerpo, te da las señales de que ese no es tu lugar y hazle caso, a veces preferimos escuchar la opinión de nuestros cercanos pero nuestra intuición no falla. Es una ansiedad con el fin de advertirnos que estamos en un peligro inminente; esta ansiedad es un comportamiento meramente instintivo no es tan mala como parece solo es una defensa que nuestro cuerpo proyecta ante la inseguridad e incertidumbre.

Se ecléctica ten muchas maneras de ver la vida, cultívate con libros o documentales, buena música y adquiere buen gusto único para ti. El conocimiento es un poder fundamental en cualquier persona que quiere sobresalir, no permanezcas en la ignorancia. Al dejar el desconocimiento de las cosas serás competente en la vida para desarrollarte tanto laboralmente como en tus relaciones, toma cursos y seminarios. En aquello en lo que no eres buena refuérzalo paga los cursos necesarios para mejorar esas incapacidades así te volverás poderosa. La información nos pone siempre un pie más adelante que los ineptos.

Olvida el pasado que no trae nada bueno al presente ni lo mezcles con lo que quieres a futuro, el pasado no nos trae nada bueno más que melancolía y resentimiento; lo correcto es vivir el momento, el presente. El presente es lo único que puedes manipular el futuro solo causa preocupación cuando aún no pasa nada. La presente forja cada paso hacia nuestras metas más adelante. Recordemos que la muerte es trascendental así que vivamos sin lastimarnos con el rencor del pasado. Superemos aquellos hombres que nos lastimaron y no nos mataron de dolor emocional. Esas lágrimas de sangre ya las vivimos tenemos que mirar hacia enfrente sin voltear, si ese hombre que vuelve a tu vida, reconsidéralo cuando te demuestre que ha madurado, pero raramente cambian para bien, sino se sanan a sí mismos. Date cuenta si su vida sigue igual de monótona sin grandes cambios déjalo ir. Siempre vendrán mejores.

Gustavo Cerati decía en su canción *Adiós*: "Separarse de la especie por algo superior, no es soberbia, es amor". Lo cual es verdad.

Vive las emociones negativas tras la ruptura de alguna relación, ahógate con tus canciones favoritas para llorar y saca todo ese dolor. Te ayudara a sanar y cerrar esos ciclos, reprimir tus emociones solo generaran malestares estomacales, colitis hasta cáncer a largo plazo. Los sentimientos los tenemos para sentirnos vivos, nos dan empatía para cada situación nos hace más humanos y da compasión para quienes pasaron por donde nosotros ya hemos pisado terreno. Una vez vaciando todo el mal, te sentirás mejor contigo misma.

Ten cuidado al estar rodeada de personas que solo a simple vista no te inspiran confianza, existe gente capaz de platicar contigo y a tus espaldas en ese mismo momento hablan mal de ti para hacerte quedar mal con el resto de las personas alrededor de ti. Cuando notes un silencio incomodo, intenta ser servicial y educada. La prudencia te dará el visto bueno ante una situación incómoda provocada por la envidia del enemigo. Suele pasar que estas en un lugar y mientras tú te distraes en un baño ya eres tema de conversación de la persona que te quiere fuera de la jugada y no sabes que poder de convencimiento tiene la persona que está haciéndote un mal, tu mejor arma siempre será hablar bien de los demás, acudir a alago, evita hacer comentarios sobre ti misma que muchas veces cuando queremos hablar de nosotros mismos para presentarnos si no nos preguntan, nos vemos mal porque no nos pidieron nuestra opinión lo ideal es ser condescendiente en esos casos algunas veces es necesario subir el ego de otros para hacerles creer que valen más que tú y más cuando son tus superiores en el ámbito en el que te manejas.

En el amor no tengas prisa en buscarlo. Una vez que hayas realizado tus metas y proyectos de vida. Esa persona llegara a ti, desconfía de los hombres que tienes poco de salir con ellos y ya quieren que te vayas a vivir con ellos. Eso es una señal de un hombre controlador, porque esconden algo de lo que no quieren que te des cuenta hasta que ya es muy tarde y te tiene viviendo en su casa y a base de maltratos. Una buena relación de pareja no tiene prisa por vivir en pareja o proponiéndote matrimonio tan fácil y sencillo cuando en realidad no es algo tan fácil. Te endulzan el oído que están bien enamorados de ti y que no hay que perder el tiempo que ya vivan juntos, espera a conocer bien a la persona a fondo, si te mete presión algo no va bien.

Se individualista, no estas para complacer a otros. No tengas miedo a fallar en lo desconocido, todo se aprende con la practica; evita la pena de sentir que no eres buena en algo supérate cada que puedas. Crea tus propios valores intrínsecos, se firme en tus ideales para atraer las personas que quieres tener cerca de ti. Elige bien a tu pareja no des el sí tan rápido en una relación, trata de conocerlo lo más afondo así te tardes meses. El amor como ya lo mencioné no debe de tener presiones. Deja a cualquier hombre que se la pase hablando mal de otras mujeres, esos tienen cualidades de ser los más violentos en la relación.

Si vienes de una familia disfuncional, antes de tomar la decisión de formar una familia sana con terapia para poder ofrecer en esa relación un buen tipo de amor sano. Algunas familias son muy toxicas y querrán convencerte de que tienes que perdonar violaciones, faltas al respeto, traiciones y abandonos por parte de algunos familiares. Lo cual está mal que te traten de chantajear utilizando el pretexto de que "es de tu sangre". Huye de esas personas cierra ciclos con ese tipo de personas que no aportan nada a tu vida y solo te perjudican. A veces es necesario alejarse de la familia cuando resulta ser muy toxica.

La visión que tienes de ti misma debe basarse en posibilidades reales, no ilusiones. Trata de dominar el tema de la inteligencia emocional, existen libros que hablan al respecto el más famoso es el de Daniel Goleman. Con esto podrás dominar tus impulsos y saber cuándo usar la empatía a tu conveniencia. Busca asimismo libros de educación financiera, empieza por crear una capital de ahorros para poder empezar a crear un patrimonio. Existen muchos libros relacionados al tema como *"El código dinero"* así como el libro *"El hombre más rico de Babilonia"*.

Ten en mente que en cuestiones de pareja lo más importante eres tú, tener la fidelidad de tu pareja no depende de tu inteligencia, tu belleza o cualquier virtud que te destaca. Si sientes que tu pareja te engaña enfócate en vivir para ti, el hombre no es infiel por naturaleza es por ego y falta de entendimiento en la relación. El podrá crear un abuso de confianza al serte infiel, pero mientras más ocupada estés trabajando ni tiempo tendrás de estar detrás de alguien así, simplemente el día que no te sientas a gusto con el desfile de infidelidades donde te enteras por cuenta propia o terceros. Termina tu relación por la paz, la confianza no se recupera tan fácil. Es más fácil cambiar de hombre que hacer cambiar a un hombre.

Si sufres por un engaño de tu pareja, debes comprender que no es con alguien mejor que tú, sino con alguien con complejo de inferioridad que acepta ser la segunda opción. Relaciónate con hombres que cumplen lo que dicen, cuando sufrimos un duelo porque termino. Nuestro cerebro enloquece, se frustra y no piensa racionalmente sino con el impulso de la emoción y coraje. Acostúmbrate a ir a terapia, aunque sea psiquiátrica, lo que hace este especialista es que te dará el medicamento antidepresivo lo cual te volverá fría ante la situación y aparte es terapeuta te dará los mejores consejos. Los medicamentos harán que te concentres más en tu trabajo por no pensar en sentimentalismos y lo que hace la psicóloga es cambiar tu conducta y tu manera de pensar frente a la situación.

Te recomiendo tomar cursos de defensa personal del que a ti más te llame la atención eso hará que no te sientas vulnerable en cualquier situación difícil. Así como cursos de oratoria para aprender a hablar en público y seminarios de lenguaje corporal es un estudio que te ayudara en cualquier área laboral y personal. Metete para estudiar algo relacionado con la espiritualidad ya que nuestra alma a lo largo de nuestra vida también sufre es esa sensación de vacío y soledad que algunas veces se llega a sentir cuando realmente no estas tan mal, se llama dolor del alma. Sánalo ya sea con reiki, angeloterapia, yoga, Cábala, etc.

Carga con dinero a la mano cuando vayas algún bar o salir a divertirte, nunca te vayas a expensas de los demás, porque la gente puede dejarte sola con la cuenta, no tienen dinero, un robo, en fin, para prevenir. Tener dinero siempre te empoderara así no sea mucho pero mínimo lo suficiente para tener como irte y lo que consumas.

Cuida tu cuerpo, es indispensable sino quieres tener hijos por el momento para seguir cumpliendo tu plan de vida, opta por algún método anticonceptivo para la mujer para no tener que recurrir al aborto. Los métodos anticonceptivos son una manera de amar nuestro cuerpo y no dejar que cualquiera nos deje una responsabilidad que no sabes si te va a corresponder o no. Es mejor prevenir que lamentar en este aspecto.

Cuando tengas un problema no ignores lo que sucede por miedo al conflicto. Siempre que tengas una inquietud con alguien platícalo de frente, eso te da respeto porque eres alguien que no calla lo que siente y molesta. Ten fe en ti, creer que puedes te da la voluntad que necesitas para darle fondo a lo que deseas lograr.

Piensa seriamente a que edad piensas formar una familia o simplemente a quien le quieres pasar todo tu patrimonio al fallecer, para que lo que hayas construido no sea en vano. Si no quieres tener hijos ve pensando que será de tus bienes y el esfuerzo que le diste que alguien más lo sepa aprovechar. Todos dejamos un legado al morir.

Haz ejercicio por salud y mejorar tu cuerpo. Cuando salgas con amistades a divertirte medita si es necesario el gasto, que cuando sea conveniente por cumplir un compromiso. La economía se nos puede ir por querer complacer a los demás en fiestas y comidas cada fin de semana. Date la prioridad de solo gastar cuando se ocupe o que tengas mucho tiempo de ver a esas personas.

El hombre machista huye de la mujer empoderada. Sabes ¿Por qué? Porque quiere él quiere someter a la mujer y dejarla sin su fortaleza. Ni caigas en protestas de odio contra el hombre, aunque exista el patriarcado en nuestra realidad. Como ser humano, nosotros decidimos como queremos vivir y si te enfocas en los hombres machistas y el daño que ocasionan desviaras tu energía en algo que no depende de ti cambiar el mundo entero, a menos que lo quieras. Evita caer en la victimización porque lo único que hace es culpar a los demás y vivir en una burbuja de negatividad.

En el trabajo es muy común sufrir de acoso laboral, pero para esto hay que poner límites que no te de miedo por denunciarlo por hostigamiento sexual, se le ha hecho creer a la mujer que no conseguirá trabajo si confronta la situación. Pero entonces donde queda la valentía de poder darte a respetar. Si llegas a perder tu trabajo consigue otro siendo recomendada por tus más cercanos. Por esto es bueno crear buenos lazos.

Comienza a cambiarte el chip mental de ser posesiva con tu pareja. El amor es aceptación y libertad de poder ser sin miedo. Permítete a ti y a tu pareja de salir y divertirse; así como de conocer nuevas amistades y compañeros de trabajo, la persona que te quiere te va a respetar, no límites a tu pareja porque luego es ahí cuando se da la infidelidad porque buscan quien les da la libertad de poder ser feliz y sin prejuicios.

Ir a lo seguro genera dependencia, abre nuevas fuentes de ingreso. No te límites a tener solo una fuente ya que te estresara si llegase a fallar y seas reemplazable. Al convertirte en una mujer extrovertida lograras conectar fácil con las personas, porque te van a admirar y querrán estar a tu lado ya sea por envidia o por amistad. Recuerda es mejor ser la envidiada que la envidiosa. Tener varias fuentes de ingresos aumentara tu economía, aunque sean negocios pequeños e incluso usando algún pasatiempo búscale la manera de sacarle dinero.

Haz un cambio de imagen en tus redes sociales, mejora el tipo de contenido y fotos que subes ya que son tu carta de presentación frente al mundo. Lo que ve recursos humanos y la gente que trabaja para ti vera lo que tu proyectas así que evita subir fotos provocativas, difamar gente por venganza. Recuerda que estas siendo observada por muchas personas, trata de no mantenerlo privado porque alguna red social ya que te puede abrir las puertas para que te contraten, así como para que recurran a ti por tus servicios y por tu imagen.

¿Cómo afrontar una vergüenza publica? En algún momento nos topamos con amistades o parejas que hacen todo un circo en un restaurante, cine o incluso en la calle. Nos da pena ajena, lo ideal es mantener un gran temple mantenerse estoica en ese momento. No dejes que el qué dirán influya en ti, hay quienes pierden el control de sus impulsos y es humano caer en el error. Lo mejor que puedes hacer es retirarte sin decir nada a la persona, esto como último recurso cuando ya el dialogo es imposible.

Cuando te llegues a topar ante un chantaje, que no te gane la incertidumbre si la persona seria capaz de hacerte daño. ignóralo y si llega a cumplir con su amenaza piensa en esto. Lo que verdaderamente importa es la gente que está contigo y te acepta tal y como eres. Los que no te conocen, te tienen que dejar de importar al final son desconocidos para ti y quienes te importan son los más cercanos a ti y ellos no te juzgarían por el aprecio que te tienen y entenderán la situación que se te presento.

Cuando pasemos ante una amistad traicionera, si es una amistad de muchos años se vale perdonar, si llevas pocos años o tiempo de conocer a esa persona. Aléjala de tu vida por más que te pida perdón si abuso de tu confianza lo volverá a hacer es mejor tenerlas lejos porque lo que buscan de ti es tu brillo y dar de que hablar. Mientras pierdas contacto con esas personas no tendrán como atacarte nuevamente.

Se una mujer ordenada, así como tenemos nuestro cuarto y mal extendida la cama, así tenemos nuestros pensamientos hechos bola. Nuestra higiene en casa, aunque supongamos que vives sola y nadie entra, por fuera se nota en las actitudes cuando vas a una casa ajena como te comportas y que tanto limpias después de comer o dormir. Contrata alguien que te haga el servicio del aseo, una vez por semana y que tu estés presente para evitar algún robo, de preferencia el día que tengas libre. Cuando una persona es limpia se nota mucho incluso en el cuerpo, se ve fresca y con buen olor.

Independízate joven, no esperes a que tu familia te presione a casarte. Una vez tengas fuente de ingresos, lánzate a vivir sola. Esto te dará muchas buenas experiencias del día a día de una persona común, cuando estas en esta posición aprendes lo que cuesta mantener a una persona, los gastos de los recibos de los servicios, una renta mensual, las fallas en casa como fugas de agua, aprender a cocinar tu propia comida, limpiar y crearte un horario de que hacer en el día a día, ya que no estarán tus padres para despertarte para ir a la escuela o trabajo, ahora te tocara a ti por iniciativa propia ser un adulto responsable. Esto facilitara el desarrollo de la empatía cuando vivas en pareja comprenderás que a veces hay días buenos y estresantes donde no vas a querer tener relaciones con tu pareja por cansancio igual esa persona, pueda pasar que también no quieres hablar del tema porque es algo muy frustrante e íntimo y no quieres preocupar a tu pareja del asunto por el hecho de que tal vez no entienda y esa persona te tolerara tus enfados porque es algo que ambos pueden vivir, en experiencias y mentalidades similares. El vivir sola te hará madurar para entender mejor la vida, así como lo que viven el día a día las personas, el costo y sacrificio por salir adelante para tener estabilidad en casa. A mí me tocó vivir hace años con una pareja y como consejo te puedo decir lo que yo hice en mi caso para no depender del hombre, yo rentaba un departamento aparte por si algún día llegase a pelear con mi pareja y me corriera de la casa o la cosa se tornaba tensa, me costaba dormir a gusto con el enemigo mejor me iba al otro departamento que seguía pagando para tener paz mental y dormir en un lugar tranquilo cuando había problemas en la relación de concubinato. No es necesario rentar un departamento lujoso simplemente algo sencillo por si la relación llega a su fin y no te tengas que estresar por no tener a donde ir, evita ir a casa de tus papas a vivir pues solo te estarán preguntando por tu pareja y lo que más quieres es olvidar ese trago amargo o que te busque con tu familia y llegue a hacer un escándalo. Mejor que sea un terreno que él no domine cualquier cosa busca el teléfono de la policía de barrio para mantenerlo a raya haciendo una denuncia por llamada y así tengas paz.

Aunque evoluciones en alguien exitosa y fuerte, no dejes de tener humildad, elimina la soberbia de tu vida y las ganas de presumir todo lo que ya tienes. Lo que se ve no se pregunta. El éxito cuesta gran resiliencia y para esto tuvimos que pasar una serie de fracasos y recaídas emocionales, superamos cada limitante para que lo que es difícil e imposible para otros nosotras no nos rendimos tan fácil y llegamos a un punto donde la hubris nos puede hacer caer en el error de ser arrogantes. No debemos perder nuestra esencia por unos minutos de alabanza y fama.

Comienza a leer libros de psicología para poder leer a las personas y saber cómo reaccionar ante cada situación, así como un curso de cata de vinos para poder aprender a como comer en cada platillo si te toca una reunión muy elegante, así como tutoriales de clases de etiqueta aprender como comportante educadamente y siendo fina ante cada situación, tomar un curso de modelaje para que te enseñen a caminar con elegancia y combinar bien tu guardarropa. Permítete ser una dama, una mujer con clase, no solamente ser culta y dominante. De los libros que te puedo recomendar para analizar a las personas y llevar una buena conversación serian: *Como ganar amigos e influir sobre las personas* de Dale Carnegie, *Psicología de las masas y el análisis del yo* de Sigmund Freud y *Las 5 heridas que impiden ser uno mismo* de Lise Bourbeau.

No consumas lo que no puedes controlar, si ya te toco experimentar las drogas de cualquier tipo y alguna te gusta en particular, así como si consumes alcohol o cigarros, no caigas en la adicción. Normalmente cuando uno cae en un vicio difícilmente lo deja si la persona tiene una enorme fuerza de voluntad sin problema lo deja. Si llegas a reconocer que estas siendo adicta a algo ve con un psiquiatra para que te de medicamento para contrarrestar la ansiedad de querer consumir. No tengas miedo de ir con un terapeuta, tú pagas por su confidencialidad y ese individuo tiene que respetar tus decisiones el solo te apoyara para mejorar tu calidad de vida en la medida que se lo permitas, elimina el tabú de que te metan a rehabilitación esos son casos ya extremos si tú quieres dejar algo que ya no controlas por sentido común el terapeuta te ayudara a sanar y así manejaras mejor tus finanzas porque cualquier gusto es caro.

En momentos de infortunio donde sentimos que lo perdemos todo, puede pasar por nuestra mente el suicidio, este no es más que una cobardía y una huida de la realidad por dejar de sentir dolor emocional, así como cuando hay quienes se cortan con tal de no sentir y prefieren sentir el dolor físico al emocional por tratar de reprimir sentimientos de desvalorización. La muerte en si es algo trascendental pero no por eso significa que tenemos que morir por nuestra propia voluntad. Por mucho que vivas las peores tormentas algún día dejaran de pasar y lo malo no dura para siempre si logras dominar los demonios que hay en tu mente.

Puedes tener opcionalmente una mascota, un pequeño compañero de vida te hará sentir en compañía así este aliviana tu soledad y tienes quien te espera incondicionalmente en casa para darte amor incondicional. Merecemos tener amos tipos de amor el propio y el incondicional. El amor propio lo podemos adquirir de manera empírica viendo por nuestro bienestar y el incondicional es quien está ahí para ti y no te falla. Una mascota es ideal para darnos esa paz todos los días en casa.

Viaja en tours de aquellos donde van varias personas, para hacerte de nuevas relaciones, cultívate en conocer lugares que te aporten conocimientos como museos, exposiciones y lugares emblemáticos; ir a la playa y de antro es una diversión, pero lo que deja es el aprendizaje cultural de como cada país tiene su propia visión que los hizo ser de primer o tercer mundo.

Domina el arte de la prudencia, existen libros para esto como el libro *El arte de la prudencia* de Baltasar Gracián, así como *Meditaciones* de Marco Aurelio y *El arte de la guerra de la guerra* de Sun Tzu. Logra dominar tus impulsos ante ciertas situaciones incomodas para ti y sabrás cuando es el momento de actuar y cuando lo mejor es no participar y cambiar de estrategia.

A pesar de tener carro en caso de que lo tengas, considera la opción de tener un chofer o alguien que lo maneje por ti para cual salgas de noche, evita tomar un taxi o Uber después de la 1am porque asumen que vienes borracha o drogada de algún bar y se puede prestar para algún abuso económico como hacia tu integridad. No es lo mismo pedir un transporte de día a pedirlo de madrugada hay un aumento del riesgo en el que te expones.

Nutre tu alma con filantropía al ser voluntaria en alguna organización para niños con discapacidad e incluso un asilo. Todo lo bueno que haces se te multiplica. Visitar a los adultos mayores es un bien que les haces ya que son personas olvidadas en muchos casos por familiares que no quisieron batallar porque la convivencia ya no era la misma, son personas que a veces se sienten solos y viven experiencias muy monótonas. Los niños con discapacidades sufren por sus carencias y les llena de alegría conocer gente que quiera jugar y les dé aprendizajes y motivos para superarse. Ayudas mucho siendo voluntaria que dando dinero a una fundación porque no te consta si ese dinero se destina para un buen fin.

Conviértete en un modelo a seguir si tuviste un pasado difícil predica con el ejemplo que por más daño que has tenido en tu vida optaste por escoger un buen camino donde no te excusas de tu pasado para ser una mala persona sino todo lo contrario eso te volvió una mejor versión de ti.

Elimina el tabú de una edad avanzada cuando uno envejece piensa que es reemplazable por una mujer más joven y que ya no es tan atractiva para un hombre, sino todo lo contrario. Los años te dan madurez y experiencia. Puedes ofrecer una relación con mucho entendimiento, así como te dejaran de dar importancia cosas que de joven de importaban como, por ejemplo: la opinión de los demás sobre ti. Con el tiempo te das cuenta de que lo que antes te causaba estrés ahora lo ves como algo banal porque no aportaban ganancias en tu vida, porque tu mentalidad cambia con los años.

No te ofendas por lo que la gente habla a tus espaldas velo fríamente con el simple hecho de quienes son y que han hecho de sus vidas mejor que su opinión sea irrefutable. Mucha gente que te critica no hace nada relevante de sus vidas y es mediocre que no piensa en evolucionar sino solo en criticar a otros, porque no tienen más temas interesantes que aportar.

El apego, es bueno cuando uno lo recibe de parte de la pareja, pero cuando una mujer tiene mucho apego se vuelve dependiente de la otra persona lo cual la hace perder tiempo, paz y distracción. Por estar detrás de una persona pierde completo sentido de individualidad, una persona controladora es afín a una persona con apego ya que suelen ser sumisas y siempre están ahí para ti, no saben decir no.

Sométete a cambios constantes para fluir y mejorar tus experiencias que al final se volverán conocimientos que no es fácil de tener, vivir en cambios constantes te abre el panorama de lo que eres capaz a llegar a ser, una persona completa con mucho que aportar que ha vivido de todo y puede sin problema hasta dar una conferencia, hacer libros y ser un gran ejemplo a seguir para tus descendientes y practicantes que reclutes para tus negocios incluso con esto puedes decidir ser maestra con toda la sabiduría y vivencias empíricas que quieres traspasar a las nuevas generaciones.

Si tienes familiares y amistades que solo te piden dinero constantemente evitarlos, solo te ven como un cajero automático. Se aprovechan de tu magnanimidad para sus propios intereses al final no sabes en que lo aprovechan y si les dejas de prestar dinero, comenzaran a hablar mal de ti e incluso quejarse. Son como vampiros energéticos que ven tu potencial y como no tienen la capacidad que tú tienes para hacer todo lo que te propongas ellos se sienten incompetentes para hacer dinero y ser creativos, hay personas que no están hechas para trabajar ni estudiar, su pereza es mayor y como saben que existe gente buena que ayuda creerán que siempre alguien les va a solucionar la vida, pero sino eres un psicólogo no tienes por qué ser el centro de rehabilitación de esas personas a menos que seas terapeuta y quieras sanar a la gente, lo cual al no serlo es solo un desgaste de tiempo y dinero.

Si te llegas a divorciar, lleva a tus niños en caso de tener a terapia para que comprendan su separación, porque antes del divorcio cuando se separan ellos sufren en ese periodo simplemente pues ellos están en un limbo donde no saben que sucede, se preguntan y culpan a sí mismos si fue su error, se hacen ideas que no son por incertidumbre. El divorcio es un alivio para ellos. Evita ser esa mujer que los utiliza como chantaje es lo más bajo que puedes caer. Si tu ex no te corresponde con el apoyo que debería hacia los niños para esto es necesario que primero veas por la creación de tus negocios y emprendimientos profesionales para no depender de alguien que no sabes si cumplirá o no. La gente cambia con los años y puede ser que ya no sea el mismo hombre bueno que conociste años atrás. Es mejor prevenirte y hacerte cargo de tu descendencia por si él llega a fallar, que te cueste ser una madre guerrera.

Para tu protección personal siempre lleva en una bolsa gas pimienta y en caso de ir a lugares donde te checan la bolsa es necesario llevar plumas para escribir, sirven para apuñalar a alguien trata de darle en puntos que no sean tan vulnerables como las piernas o los brazos, nunca le des en ningún órgano. Cuando te subas a un carro que te da desconfianza quítale el seguro cuando ingreses por si ocupas abrir la puerta, si la abres mientras está manejando no lo cierres ya que un policía de tránsito puede verlo y parar al conductor y así denuncias un asalto o secuestro. En *Uber* comparte tu ubicación con alguien de confianza, evita ir a fiestas donde sabes que la zona no es segura. Relaciónate con personas que no tengan problemas económicos porque si te ven bien van a querer un pedazo de ti para que les aportes dinero.

Cuando quieras estudiar alguna carrera, compara el plan de estudios con el de otras escuelas ya que muchos son similares o casi idénticos. La diferencia es el costo unas son más caras que otras, pero el estudio el mismo al final de cuentas, no te desgastes en buscar la escuela cara o reconocida al final lo que realmente importa es el plan de estudios que te llene incluso una universidad en línea tiene mejores planes de estudios que escuelas presenciales. Una vez que tengas tu cedula profesional y titulo lo que realmente vale es tu conocimiento y en la práctica te vas a desenvolver recuerda que la universidad solo vez teoría y si te sabes relacionar con las personas vas a ser bien recomendada porque les agradas y eso te traerá más clientes y contactos. Así que no tengas miedo por estudiar en una escuela más económica lo que importa es el conocimiento.

Cuando te sientas vulnerable en alguna fiesta y sospeches que alguien te drogo, carga contigo en tu bolsa estos consejos que te daré para que te elimine el efecto de la droga y el alcohol. Hay varias maneras:

- Tomar dos vitaminas de magnesio y una de zinc.
- Tomar leche de vaca.
- Comprar una caja de Hidroxicina y tomar una sola pastilla (es un medicamento para la ansiedad).
- Dramamine, que es un medicamento para prevenir y eliminar nauseas, mareo y vomito, se toma una pastilla nada más (Dimenhidrinato).
- La mitad de una Clonazepam ya cuando vayas a dormir cuando no puedas por la droga. Evita combinar con alcohol.

Haz una ligera investigación sobre que libros leen los presidentes que más te cautivan, busca cuales son los libros más recomendados, checa los escritores que ganaron Premios Nobel de Literatura y que libros han aportado. Date ese conocimiento de poder tener una conversación interesante con tus semejantes y eso te dará que te los ganes, te volverás una mujer interesante para ellos.

Haz la costumbre de ver desde fuera los problemas que se te plantean, tener varias percepciones, ir un paso más que los demás. Haz un mapa mental y escríbelo en físico de cómo solucionar un problema y cuáles son los factores que ayudan y te hacer perder, es decir que no te convienen. Ponlos en una balanza y toma decisiones con estrategia. Algo que ayuda mucho a acelerar la actividad cerebral es un ajedrez, puedes bajar una aplicación en línea.

Domina un idioma a tu gusto, que ya te llamé la atención. Toma un curso sabatino del idioma que gustes ya sea en línea o presencial. Esto te ayudara a tener mejor renombre y aporta mucho a tu campo laboral.

Cuando entables una relación con alguien y te presenta a su familia, se discreta en tu forma de vestir ya que la primera impresión es lo que cuenta, gánate a tu suegra llevándole flores blancas el primer día que la veas, si ves que carga algo ayudada a cargar cosas pesadas, no hables tus tragedias de tu familia a menos que ella saque algún tema donde hable de su triste pasado para crear empatía pero mientras no sea el caso no comentes conflictos familiares porque darás la impresión de que eres conflictiva y de problemática. Habla con ella de lo feliz que eres con su hijo y lo agradecida que estas con ella y con Dios (aunque no creas en alguna religión). Hazle ver que tienes buenas intenciones, trata de no pedirle muchos favores a tu novio delante de ella porque pensara que tú eres quien domina la relación y a ninguna madre le gusta que su hijo sea el pasivo en la relación.

Cuando tengas una pelea con alguien porque ya no tienes otra opción más que confrontar a la persona que está metiéndose en tu vida, medita primero si estas en tus cinco sentidos para saber cómo dialogar con elocuencia y si tienes las ganas del combate sino te quieres ensuciar las manos puedes ir con un abogado de gobierno que ofrece servicio gratuito y demandas o denuncias a la persona para que te deje de molestar e inclusive una orden de restricción. Muchos dirán di no a la violencia, pero hay personas que hasta no salir lastimadas no dejarán de meterse en lo que te importé y joderte. Analiza la estrategia que te convenga y pide consejos a tus amistades de qué hacer ante la situación y si ningún consejo te llama la atención pon tu el límite y que la otra persona aprenda por las malas una lección.

No debemos caer en la industria sexista, donde se cosifica a la mujer a menos que ella quiere ser vista de esa manera. Desde hace años se le ha visto a la mujer que es un ser que solo sirve para reproducirse y como objeto sexual. La moda, la música y los comerciales ahora nos hacen ver que una mujer integra es alguien seductora y provocativa para el hombre. Como una persona autentica no debes caer en lo que se guían las masas, no necesitas vestirte provocativa para verte sexy ni para llamar la atención de un hombre, sedúcelo con tu inteligencia y autenticidad no con un escote. El arte de la seducción solo debería ser usada para un propósito el cual ganar, pero es más fácil, cuando eres misteriosa porque eso da a que la persona se fije en ti por mera curiosidad y por el hecho de porque no eres alguien común que se sexualiza como todo lo que ves en los medios de comunicación, sino alguien que quiere pasar desapercibida pero no pasas de eso, porque resaltas con tu brillosa elegancia.

Evita a las personas que acostumbran a victimizarse, que se las dan de no tienen la culpa de lo que pasa en sus vidas y siempre les pasan puras cosas malas, se quedan sin empleo, peleas entre amistades, peleas con parejas que todavía ni son pareja, etc. Son personas que han sufrido abandono y rechazo por sus familias. Buscan juntarse con mujeres que tienen un gran carácter y buen corazón y por eso estas personas creen que pueden contar contigo en las malas, pero ellas constantemente están metidas en algún problema y malentendidos donde casualmente su respuesta es la misma el "no sé qué paso que me dejo". A la larga te buscaran por apoyo y por andar de salvadora te meterás en mil problemas. Es como cuando tienes una amiga que tiene un novio que la golpea e insulta. Te metes a defenderla y al final ella te deja de hablar porque te metiste en su relación, aunque lo hiciste para ayudar el novio ya la condiciono que te deje de hablar o te evite porque eres un peligro para él, ya que tú la puedes defender y hacerla entrar en razón, pero esas relaciones están acostumbradas a tener una ruptura y regresar de nuevo y al final quedas mal. Por querer cuidar a alguien al ver una injusticia. Por eso no es recomendable ser la salvadora de otras personas que al final no aprenden y no te hacen caso.

No seas fácil de tener, aprende a negar cuando alguien te quiera para verte. Primero termina tus deberes y cuando tengas tiempo libre accede a salir, volverte intempestiva que nadie comprenda cual será tu siguiente paso, no seas predecible. Es agradable quedarte con las ganas de ver a esa mujer increíble y es tan increíble que sabe que su tiempo vale y te toma como opción. Si eres fácil de tener, fácilmente pierden el interés, así como tu hay más mujeres a las cuales pueden tener sin esfuerzo, pero si tu evitas a esa persona que tiene algún interés contigo date a desear. El sexo te lo puedes dar tu sola sin ayuda de nadie, porque habrías de tener prisa, hombres con ganas de pasar un buen rato tendrás muchos de opciones, pero para que te impresionen pocos.

No compitas con gente para tener la razón en algún tema, hay quienes son muy necios y no los harás entender tu lógica, cada uno tiene su verdad porque es subjetiva, ninguna es falible. Tal vez estés en lo correcto o tal vez no. No busques enemigos sino alianzas, dale la razón al necio dile tal cual: tienes razón. Con eso le darás en el ego y se sentirá empático contigo y que gano una disputa en la cual no tienes necesidad de demostrar que eres más que otros. Solo tensas el ambiente y hablas fuerte lo cual puede ser molesto para la gente a tu alrededor.

Comienza a olvidar el pasado, pues arruina tu presente. No está en tus manos cambiar algo que ya paso ni te angusties por algo que no depende ti.

Aprende a saber escuchar a las personas, se puede llegar a cometer en una conversación que el otro sujeto saca un tema que ya sabes la respuesta y tal vez tu argumento sea mejor e incluso has pasado por lo mismo. No arruines el momento quitándole su espacio de hablar deja que la persona termine su punto de vista y luego pide permiso para hablar cuando sientas que ya termino. Aprende a escuchar porque muchas personas te interrumpen y es desgastante decirle muchas veces "déjame terminar", ya cuando esto sucede no parece un dialogo sino una competencia de poder y el debate es saber entender, así como tener la paciencia de esperar tu turno de explicar tus ideales.

Nunca salgas con quien te hace deslucir por no saberse comportar consciente e inconsciente bajo efectos del alcohol y abuso de alguna sustancia. Aunque tengas que soportar a esa persona por compromiso o amistad, no dejes que afecte tu imagen ni de a entender que te rodeas de ese tipo de personajes.

Nunca te ofendas por alguien que no es ejemplo para seguir cuando te den una crítica. Solo quien es feliz es fuerte. Opta por la sencillez, lo importante es trabajar y hacer dinero. Que te dé igual que ropa usar por la mañana, trata de ser puntual en tu trabajo, así la gente te vera como un líder por tu esfuerzo y dedicación. Lo importante es tener presencia no ir como si fueras a salir a un bar cuando vas a un trabajo. Perdemos mucho tiempo en distraernos por querer vernos mejor cuando para eso necesitamos dedicarnos a triunfar.

La molestia y la colera no resuelven nada, no actúes en base a la ira. Considera descargar esa energía en distracción y ejercicio; no puedes evitar sentir, pero puedes desahogarte sabiamente. Al finalizar la tempestad medita el acontecimiento y usa el raciocinio para tomar mejores decisiones respecto al tema a tratar.

Busca tu libertad a toda costa esta consiste en: honestidad, libre albedrio, ausencia de temor e impasibilidad.

La necedad nos trae efectos secundarios como resaca, depresión, arrepentimiento y frustración. Debemos controlar la tentación del impulso hedonista. La manera más fácil es cometiendo el error las veces necesarias hasta que deje de llamar tu atención por las consecuencias que genera.

Si tuviste un pasado complicado, llénate de orgullo por hacer superado lo que otros no podrían. Hay situaciones muy difíciles que pocos salen de la adversidad hasta hundirse en la negatividad y lamentarse en vez de luchar por ser una mejor versión. El pasado solo sirve para darnos experiencia, orgullo y para comparar los cambios positivos y negativos en nuestra actualidad.

Algún día seremos olvidados por la muerte así que disfruta lo mejor y controla tu sufrimiento, aunque creas en la reencarnación, así como la premisa de tener varias vidas, no te lamentes por sentirte mal por las circunstancias de la vida. Vinimos a aprender y aportar algo al mundo, de no hacerlo no tendría sentido vivir para sentirte insatisfecho.

Valórate tanto que sepas reconocer tu potencial y lo que requieres para exprimir tus habilidades. Si no nos centramos en nosotros mismos caemos en la perdición.

Evitar hablar de chismes a primera impresión, no da una buena perspectiva a los individuos con los que estas lidiando ni sabes con quienes se relacionan y si tienen algo en común con la persona que estas criticando.

El éxito cuesta, elige de que quieres ser esclavo. Prefieres ser esclavizado por los vicios o por las ganancias del éxito, este te costara disciplina, te alejara de las fiestas, de tus amistades e incluso tener menos tiempo para una pareja. Depende de ti que prefieras.

Hay cosas que no entendemos por falta de empatía y esta se da por no ponernos en los zapatos de la otra persona antes de tomar una decisión primero analiza cómo te sentirías si te dijeran A o B situación. Una vez meditando si te voltearan el acontecimiento pensaras en actuar con más discreción.

Vives como piensas y tu manera de pensar te hace bella y una mujer completa. Los pensamientos que tenemos hacia los demás es nuestra responsabilidad, no podemos culpar a otros como nos hacen sentir si es de manera negativa porque lo que provoca una mala reacción es nuestro juicio y a ellos solo los terminamos viendo como receptores que reciben nuestros malestares. Debemos de no tomarnos para nosotros lo malo solamente quedarnos con lo bueno.

Asume que, aunque vivimos en una sociedad esta manchada por la moral, de la cual nació en base al miedo. Tengamos compasión por las personas que se guían por esta moral, que provoca neurosis en las personas. ¿Qué es neurosis? Esta es vivir algo que no te corresponde. Muchas personas no se dan el lujo de ser si mismas por miedo a ser juzgadas por esta moral inventada para darnos un comportamiento "adecuado" cuando la realidad es que uno decide como desarrollar su personalidad, aunque sea transgresora de la moral.

La razón es quien debe de regir nuestras vidas, no los impulsos, lo intranscendental ni lo superficial. Eres producto de tus reacciones ante cada problema que se te presenta y como solucionas tu vida, si la lógica no te rige más que el sentimiento. Recuerda las emociones son racionales defínete por no pensar como las masas porque si piensas igual que todas, no eres autentica.

Cuestiona todo lo que veas en la televisión ya que mucho de lo que vemos es propaganda. Busca fuentes confiables de periódico y noticias, no te bases solo en los medios televisivos comunes, no es lo mismo ver *CNN* que leer el *New York Times*, leer *Publimetro* a *El economista* y *El universal*.

Deja de engañarte y autosabotearte por no encontrar un buen hombre, cuando te rodeas de patanes, no te quejes que no hay dinero si no sales a buscarlo. Decreta eliminar todos los obstáculos que te impiden hacer dinero, así como eliminar los miedos que te limitan a tener disciplina, pide amor propio para atraer a ese hombre maravilloso que quieres en tu vida. Todo está en como decretas y pides en la ley de atracción sin usar el ego de por medio.

Si sospechas que tu pareja, aunque no sea algo formal y notas que una mujer de fama conflictiva lo busca, trata de comunicarte con ella de preferencia en persona. Porque tal vez estas saliendo con un chico, pero igual sale con otras más o quizás tiene novia y tu no sabes. Quítate de dudas y de la chica que está segura con la que esta pregúntale que afinidad tienen ella y tu actual pareja. Si ella te dice que es su novia, aléjalo de tu vida es mejor tener una aliada que tratar con un hombre patán que solo está jugando con tu tiempo.

Una mente que sabe enforcarse en las necesidades básicas no cae en la culpabilización de los sucesos ajenos a ella. Piensa en cubrir lo necesario para vivir. No podemos evitar conocer gente negativa y que vive de dramas fatalistas, pero si podemos decidir a quién darle entrada a nuestro círculo de amistades y que tanto nos pueden contaminar sus platicas intrascendentes.

Tendemos a hacernos estereotipos y suposiciones a base de la experiencia y la intuición ninguna de las dos es totalmente valida. Sin embargo, debemos seguir tratando de conocer mejor a la persona para fortalecer nuestra percepción de saber si estábamos en lo correcto; como una ciencia dando las pruebas que afirman una hipótesis.

Elimina la mala costumbre de ser distraída ya que se puede dar el caso de desarrollar algún trastorno de déficit de atención o algún trastorno creado por la ansiedad. Tomar atención es importante para ejercer la disciplina y poder leer, estudiar y trabajar. Atiende de donde viene esta falta de atención para tu bienestar.

Conserva tu inteligencia a toda costa ya que podrías perderlo todo, pero tu manera de pensar es lo que te devolverá lo perdido. Un gran ejemplo es Stephen Hawking su participación en los avances de la ciencia y agujeros negros aportaron conocimiento al mundo siendo que él tenía esclerosis lateral amiotrófica (ELA) quedo paralizado y aun así su inteligencia e investigaciones lo sacaron adelante así que nutre esa lucidez competente que tienes.

Debemos sentirnos bien por obrar con altruismo en la medida de lo posible no importa que sucedan cosas que no puedas controlar. Tu felicidad radica en estar consciente de que mientras hayas hecho lo correcto lo imprevisto no es ningún obstáculo sino un aprendizaje. Démosle el valor, disciplina y desapego para que estos atributos nos encaminen a la mejoría.

Crea un mapa mental de las peores situaciones que se pueden presentar al ir a un lugar desconocido con gente nueva, así como al intuir enemigos en el trabajo e inconformismos en las relaciones de pareja. Prepárate para saber cómo actuar si tus sospechas se cumplen tener las soluciones ya anotadas mentalmente para actuar si llegasen a suceder.

Reconoce tus errores cuando alguien más tenga la razón no seas necia en ganar un dialogo si la otra persona tiene buenos argumentos confiésale que le hiciste cambiar de parecer. Para poder estar de acuerdo en ambos puntos de la conversación.

Un buen maestro me aconsejo a comparar los escritores de antes con los escritores de antes con los actuales, ya que cada siglo es diferente porque cada cultura y los pensamientos van cambiando, así como las teorías van perdiendo validez porque se comprueban otras con más eficacia. Lo que quiero decir con respecto a esto es no solo leer y quedarte con los libros de cabecera sino también a experimentar con los nuevos escritores emergentes.

Ten humildad, no te eleves el ego sobre los incompetentes ya que no todos tienen tus virtudes, te podrán catalogar de privilegiada solo porque ven tus logros, pero no y no lo que te costó. Ten compasión de ellos y trátalos como cualquier persona por el hecho de que no es agradable pisotear a otros con tu soberbia por estar más avanzada que el rebaño común, así que practiquemos la humildad.

Cuando te vuelves perfeccionista, eres organizada y atenta a lo que quieres hacer, pero al ser humana podemos fallar momentáneamente, lo cual nos causa alguna frustración por esto debemos tomar con calma cuando no podamos obtener en el instante el resultado deseado.

La mujer cabrona no es la que no teme; es la que habla lo que le molesta a un antagonista y dice las cosas de frente. Aquella que paga su parte en una cuenta, la que toma un exilio voluntario cuando no controla una situación que esta fuera de sus manos, es quien no se victimiza y llora en silencio para analizar lo que le conviene después de sufrir. Ella sabe reconocer sus errores por actos impulsivos, es quien sabe que no pierde nada al pedir perdón y se ríe de sus tragedias para volverlas anécdotas.

El existencialismo nos vuelve individualistas por naturaleza, gracias a tus ideales firmes te ganas una personalidad poco común, tu manera de ver el mundo será muy diferente a lo ordinario de una masa colectiva. Así como los religiosos que les inconforma no poder introducir sus ideas arcaicas formas primitivas de pensar, tienes una gran fortuna que es poder ser autentica. Lo que es objetivo para un dogma, tu irresistible versatilidad ecléctica de libre albedrío es una bendición donde ser original genera disforia en el rebaño.

Quítate esa idea de la suerte y la mala suerte. Si por alguna situación llegas a pasar por un infortunio, no pienses que es mala suerte, esta no existe como tal mas bien es causa y efecto. Pensar que "hoy fue un mal día" es atraer lo negativo. Yo siempre pienso: "yo decido que ahora y hoy me ira bien y la mala suerte no existe en mi vida". Ese es mi decreto y me ha funcionado.

Ten el habito de ser feliz con poco y sencillo porque el día que lo tengas todo te darás cuenta de que lo que tenías era avaricia, pero eso mismo te motivo a querer más. Ojo no es algo malo su único defecto es la frustración de sentirte insatisfecho y el hambre de seguir continua. Ponte a pensar en los niños y los ancianos, ellos no sienten esa necedad son felices con la sencillez de la naturaleza, la experiencia de viajar, el conocimiento, tener amistades, recibir amor y la alegría de reír por pequeñeces. El habito de vivir con lo básico nos ahorra muchos gastos, ya después podremos disfrutar de los placeres de la codicia si eso es lo que deseas.

Se educada y amable con tus enemigos, si los llegas a ver en algún lugar saluda y se refinada. Tú te veras bien frente a la audiencia y eso es lo mas notorio; en cambio si el individuo te evita o es grosera, deja que quede mal. Al ser modesta te evitas una confrontación en un lugar que no es el indicado.

Cuando trates con gente hostil, si invade tu espacio; suavemente toca alguno de sus hombros y hazle saber que está siendo invasivo contigo. En caso de ser un lugar público puedes fácilmente retirarte si es lo que te hace sentir más cómoda, otra opción es hablar con los guardias o buscar un gerente y explicar la situación para poner orden y te des a respetar. A esas personas les gusta la idea defender a alguien y poner su liderazgo a prueba, les gusta el poder y darles una situación donde van a imponer mandato los hará sentir bien. Te ganaras el respeto y confianza de esas personas cuando vuelvas a pasar por ese lugar.

Cuando sospeches que alguien quiere abusar de ti como por ejemplo: insistirte en tomar una bebida, finge que tomas poniendo tus labios sobre el vaso sin tragar y levantando el vaso levemente para simular que lo bebiste; vete al baño y checa poniéndole luz al vaso si tiene algún polvo o cristal que se vea desde abajo del vaso así como por los lados o por arriba. Si te encuentras en un bar repórtalo y retírate.

Comienza por practicar la meditación y decretos a la hora de realizarlo. Decreta estas palabras: "Padre, madre, creador de todo lo que es. Lléname del rayo de luz indicado para mi (tu nombre completo). Lléname de armonía, equilibrio, decencia, amor propio, amor incondicional, protégeme de mis enemigos, abre los caminos a la abundancia para mí, así como eliminar los miedos que me impiden progresar." Después de esto menciona tres veces: gracias, gracias, gracias y hecho esta, hecho esta y hecho esta.

Aprende de los malvados de quienes lograron dañar tu ego, analizar a la próxima vez poder leer los movimientos de alguien que te recuerde a esa persona y así lograras prevenir tanto como haccr cl daño a alguien que te lastimo para usar las mismas tácticas al cabo ya sabes como herir pues ya pasaste por eso.

El hambre y la falta de recursos económicos nos impulsan a buscar nuevas fuentes de ingreso y una mejor dieta por supervivencia.

El machista cree que puede someter a una mujer excepto cuando se topa con una dama integra, independiente y con dinero propio de su esfuerzo.

Si te sientes capaz de ser alguien influyente es por algo. El único obstáculo es tu miedo a creer que es difícil, pero la certeza de que eres capaz de lograr grandes cosas será mas fuerte que tu miedo a lo complicado que creas que será. Si quieres ser grande no tendrás otra opción mas que buscar la manera de aprender y dominar ese miedo.

Trabaja en tu confianza, la seguridad en ti misma con terapia o tomando algún curso que creas que es el que te programara para sentirte mejor, es importante ya que de ahí nace la fortaleza que te orilla a tomar decisiones cruciales.

Cuando estés sufriendo por pensar en la venganza analiza si te conviene ya que te quita tiempo y paz mental, a no ser que tengas mucho tiempo libre. La venganza es un ajuste de cuentas que rara vez es necesaria realizar para dejar de ser molestados, pero si ya estas en un nivel muy elevado sobre estas personas no pierdas tu energía pues cuando te va bien, no tendrás ni el tiempo ni le darás importancia.

Otorga el beneficio de la duda cuando tratas con un desconocido ya que la gente comete errores por ignorancia, si sientes que te obraron mal ignora hasta no saber si realmente tenia malas intenciones, no puedes sentenciar a una persona sin tener la certeza pues no la conoces realmente.

Cuando alguien aporta una critica destructiva hacia ti, no le tomes importancia pues tu decides si quieres estar afectada o no.

Practica el altruismo a pesar de tener enemigos y envidias. Cuando obras bien mas allá de ser recompensada, serás el ojo del huracán y habrá amistades fanáticas que al final son envidiosos abusando de tu confianza para hacerte creer que son amigos. No te apagues por reconocer su maldad en quienes apreciabas pues este mundo alberga gente dañada, no permitas que esto te quite tu luz pues te quieren ver a su nivel.

A donde vayas es preferible hacer clientes que amigos.

No esperes que la gente reaccione como tú, de lo contrario vivirás decepcionada. Vive sin expectativas de las personas ya que piensan diferente y son cambiantes por sus vivencias.

Es mejor cuidar y dar mantenimiento a tu paz mental, tu cuerpo logra sanar con medicina, pero tu alma tarda mas por la ira y el rencor.

Ver un ser querido en una enfermedad avanzada afecta mas a los amigos y familiares que buscan salvarlo porque por si mismo la persona no puede pues es la víctima. Lo mejor que puedes hacer es mas allá de las visitas, es hacer reír a la persona, recordarle sus logros, anécdotas y aportar alegría a su vida. Cuando este fallece vivimos un duelo que puede afectar nuestra área laboral, las relaciones de pareja y amistades por el aislamiento. He conocido personas que han perdido su trabajo o se han suicidado por la depresión. La vida sigue y tienes que tomar medidas necesarias para avanzar, lo ideal es ir al psiquiatra para tratar los síntomas de la depresión pues no rendirás mucho en el trabajo por pensar en el pasado. Ninguna depresión te servirá para hacer dinero.

La dignidad la proteges luchando por ella, eso incluye pelear física, verbalmente y con estrategia. Habrá quienes criticaran diciéndote que es vulgar, pero pelear por tu bien no tiene nada que ver con la decencia.

Deja de ser compasiva con una pareja que te ha molestado, algunas mujeres piensan que bloqueando o dejarle de hablar vas a castigar a la persona. Muchos hombres lo ven como algo positivo después de una pelea o ruptura en su caso. Mientras tu piensas que eres mala con tu ausencia. El no pierde tiempo y aprovecha que no vas a molestar en un buen rato para conquistar otras mujeres y salir con quienes quiera, el lo ve positivamente e incluso por eso se dan las discusiones mas simples en la relación porque el ya sabe el resultado donde tu le das su espacio mientras tu piensas en que lo estas lastimando. Analiza cuando quieres hacerle creer a tu pareja que lo vas a lastimar cuales son los efectos positivos de tu actitud, porque, así como hay gente negativa también hay miles de personas positivas que saben aprovechar este tipo de situaciones.

El aborto debe ser usado para una emergencia cuando cualquier método anticonceptivo falla, aunque también hay que usarlo sabiamente. Soy de la idea de que, al detener un ciclo de vida, el universo te cobra la factura después.

Si esa persona no te valora, valórate tú. No necesitas la aprobación de nadie.

Comprende que la felicidad se da en la soledad, siendo independiente y libre de apegos. Necesitas de ti, porque solo tu conoces tus gustos y como complacerte.

Estima a las personas que estuvieron contigo en tus peores batallas y valora a quien te ha demostrado lealtad.

No te guíes por la mala fama de una persona hasta conocerla a fondo. Las verdades pueden ser manipuladas, así como las historias mal contadas.

Cuando algún individuo te dicte como tratar a otra persona y que aparte sea de mala manera a quien no conoces, automáticamente desconfía de ella, nadie debe de decirte como tratar a otro ser humano, una buena persona no persuade a otras para maltratar a una persona o grupo de personas.

ACERCA DEL AUTOR

Bárbara Estefanía Treviño Ávila, abogada por la Universidad Regiomontana en Monterrey, expone en este pequeño libro como ser una mujer cabrona, resiliente y de mentalidad racional. Para todas aquellas mujeres que necesitan una gran fortaleza para eliminar todo tabú y miedo al conflicto que presenta la vida con nuestras relaciones de pareja, amistades traicioneras e incluso hostigamiento laboral. Se enfoca en cómo darte tu lugar y para que aprendan las chicas que lean este libro como marcar limites, así como ser conocidas como mujeres poderosas y recibir un mejor trato siempre a donde vayan.

Made in the USA
Middletown, DE
29 August 2021